PAROLES PERDUES

ALEXANDRE ROMANÈS

PAROLES PERDUES

Préface de Jean Grosjean

nrf

GALLIMARD

Sans Lydie Dattas je n'aurais jamais écrit une seule ligne. Elle m'a montré la phrase qui claque comme le vent dans la voile.

Si on jetait des diamants dans le ruisseau
il ne serait pas plus beau.

Abdelmajid Benjelloun

Je salue les lys blancs qui seront sur ma tombe.

Lydie Dattas

PAROLES PERDUES

Alexandre fait partie d'un peuple chez qui les paroles ont plus de poids que les écrits. Il nous en prévient : L'écriture n'est pas une tradition gitane. Pourtant le voici entré comme par violence dans l'univers des lettres. Il a quelque chose à dire aux gens qui lisent. Il a, plus que nous autres autochtones, conscience de vivre sous le ciel : Comment être sous le ciel et ne pas voir le ciel ?

Souvent les poètes n'avaient pas d'autre source. Le psalmiste disait déjà : Je bénis l'Éternel d'être mon conseiller car même la nuit mon cœur me parle. La voix d'en-haut sait se faire nocturne. Elle est ce que pense notre cœur à notre insu. Elle a la rude franchise des vieux prophètes. C'est le tréfonds humain qui est visité. Pourquoi déguiser ? Les nuances, les volontés de justesse n'y ont pas plus cours que les supercheries de l'art ou de la science.

Alexandre s'étonne de l'ambition, ce moteur des sociétés et des guerres :

Ce qui ne compte pas,
il faut se battre pour l'avoir.

Il s'étonne aussi de ses propres contradictions :

Je suis impitoyable avec moi-même,
pourtant, je suis très doux avec le ciel

et il définit ainsi la seule vraie guerre sainte. Mais il admire la victoire du temps :

L'arbre essaie de retenir le vent
comme on essaie de retenir la vie.

Seront-elles perdues ces paroles lancées à la cantonade ? Nées de l'abondance du cœur elles n'ont pas les moisissures du subconscient. Inspirées par les instants de l'existence elles ne s'encombrent pas d'enjolivures. Elles ne s'attardent pas à bricoler des aveux qui d'ailleurs nous ennuieraient. Alexandre ne veut que vivre avec ses colères et ses tendresses, avec sa fierté et ses abandons, avec ses bravades et son détachement.

Alors on s'aperçoit de ce que voit quelqu'un qui n'a pas où reposer la tête : La brutalité, l'injustice, la haine, le mensonge, l'arrogance. *Ou bien :* les mots usés, l'indifférence partout. *Mais en même temps :*

Comme un ciel lourd et embué
le monde avance et fait ce qu'il peut.

Et puis :

La mort patiente
[...] nous compte comme
le berger ses moutons.
Je ne fais rien pour l'agacer.

Il a beau dire qu'il ne connaît pas tout, il connaît au moins « la grande tristesse » comme un animal vivant qu'on déchire. *Et aussitôt de redresser la tête :*

La plupart des gens
sont sans vie,
mais pas moi.
Dieu me reconnaîtra.

Or la vitalité est plus docile qu'on ne croit :

Comme la fleur
qui ne demande rien,
et qu'on coupe, une nuit
[...]
plus rien en moi ne s'opposait à la mort.

Plus rien sauf peut-être d'y consentir : Puisque tout m'éloigne du ciel, je refuse tout.

La vie est-elle si peu de chose ?

Pauvre être humain,
ta vie, comme la brindille
emportée par l'oiseau,
comme la poignée de sable
qu'on jette

mais elle peut avoir sa noblesse :

Si ton cœur n'est pas royal,
tu vas où ?

Par exemple :

Je n'ai pas toujours
fait ce qu'il fallait,
mais je n'ai jamais laissé
les larmes monter à mes yeux.

Quand on m'a dit : « elle est morte »
je n'ai pas versé une seule larme :
j'ai marché toute la nuit.

La vie c'est aussi les bonheurs imprévus. Alexandre dit qu'assis dans l'herbe avec son luth contre sa poitrine il a été plus loin que les armées d'Alexandre. La fragilité même est signe de vie : Ils me voient tous comme un bloc de granit [...] mais moi [...] Si seulement ils savaient *! Et n'est-ce pas aimer que se demander* qui ira le premier enterrer l'autre *? Ou encore, à quoi rêve Alexandre ?*

Quand je serai mort depuis longtemps
et que mes filles seront vieilles,
j'aimerais qu'elles disent
en parlant de moi :
« Il nous manque ».

La mort reste sur le seuil mais déjà on regarde par-dessus son épaule et ce qu'on aperçoit est merveilleux :

J'attends tout de toi.

Jean Grosjean

Pourquoi j'ai écrit ? L'écriture n'est pas une tradition gitane. La poésie me semblait trop haute pour moi, inaccessible, et puis la vie je voulais la vivre, pas l'écrire. Je m'étais fait une raison, mais pas le ciel. Lentement, au rythme des saisons qui passent, j'ai rempli un cahier d'écolier. Ce que je sais, c'est qu'il y a des poètes que j'admire. Peut-être que je n'ai pas supporté de les voir passer. J'ai voulu être l'un des leurs.

Devant, la route,
derrière, les femmes et les enfants.
Autour, l'implacabilité du monde.
Ici ou ailleurs,
est-ce que ce n'est pas pareil ?

Je ne comprends rien au monde.
Certains se sentent plus proches
d'un chien que du ciel.
Si seulement ils voulaient
lever la tête !

Ce qui ne compte pas,
il faut se battre pour l'avoir.
Mettre la main dans un sens
ou dans l'autre, voilà
toute l'ambition du monde.
Moi, je veux juste de quoi manger.

La plupart des gens
ignorent tout du ciel,
et croient dur comme fer
à ce qu'ils font. Ma femme,
mes enfants et moi,
on n'est pas des gens.

Les pays sont décevants,
les villes se ressemblent.
Être dans la foule
ou manger du sable,
c'est pareil. Peut-être
parce que je suis Gitan,
je vais de ville en ville,
pour certains comme un pouilleux.
Un grand nombre me méprise,
des fois je leur souris :
je reconnais leur grandeur !
Dieu, je t'en prie, arrête ça.

D'où viennent ces gens
qui veulent tout,
leurs grandes décisions,
leurs belles phrases ?
Moi, je préfère la brindille
sur le bord du chemin,
et les tresses impeccables
des petites filles.

Je n’ai rien à voir avec ces gens
qui reculent quand il faut avancer,
et pourtant, j’ai plié devant la vie
comme l’arbre sans défense
attaqué par le vent.

Changer le cours des fleuves,
répertorier les étoiles,
marcher droit,
baisser la tête,
dire oui.
Est-ce que moi
je les oblige
à regarder le ciel ?

« Tu n'es qu'un gitan ! »
C'est ce qu'ils pensent.
Je n'aurais peut-être jamais dû écrire.
J'ai trahi, j'avais tellement de choses à dire.
Je demande pardon à mon père,
à ma mère et à toute ma race.

Je suis impitoyable avec moi-même,
pourtant, je suis très doux avec le ciel.
Mes colères sont terribles.
À tout moment, mon cœur
peut s'arrêter de battre.

Les lettrés, ceux qui savent,
disent : « Il faudrait ».
Moi, je ne sais qu'une seule chose :
je n'ai pas encore peur de la mort
et je ne crains personne.

La grandeur, ils connaissent :
décider, inventer, construire,
leur chemin est sans fin.
Moi, je ne suis pas de cette race.

Le monde m’a blessé,
comme un animal vivant
qu’on déchire avec les mains.

Aimer c'est souffrir.
Prendre sa femme dans ses bras,
rire avec ses enfants.
Qui ira le premier enterrer l'autre ?

Ceux qui parlent pour ne rien dire
feraient mieux de se casser
les deux bras, les deux jambes et la tête.
Faut-il leur écraser le cœur
pour en sortir quelque chose ?

Entre le monde et moi,
aucune réconciliation n'est possible.
Moi, je préfère l'oiseau
impassible sur la falaise
et qui s'élance dans le vide.

Entre deux fauves
le premier regard est essentiel,
mais entre certains hommes aussi,
car tout se passe comme si tu n'étais pas venu.

Ce que j'ai vu, ils ne l'ont pas vu,
ce que j'ai entendu, ils ne l'ont pas entendu,
ce que j'ai senti, ils ne l'ont pas senti.
Mais que font-ils ?
Les imbéciles disent :
« Nous avons tellement de temps ! »
Qu'ils aient du temps ou pas de temps,
c'est pareil.

Je me souviens très bien
des gens qui me montraient du doigt.
Mes colères étaient intactes.
Tout est fait pour qu'on nous vide
De notre sang. Des vaches dans un pré.
Tous ces gens qui décident,
de quoi ont-ils peur ?

Moi qui ai tenu
des petites filles dans mes bras,
je me suis battu comme une bête,
j'ai écrasé des visages d'hommes
contre des murs. Pourtant,
il n'y avait pas de couteau
entre Dieu et moi.

Mes filles s'appuient sur moi pour vivre,
moi, je m'appuierai sur elles pour mourir.
Mes filles, quand il ne me restera
plus qu'une heure à vivre,
ne pleurez pas trop :
ce n'est pas la fin.

La brutalité, l'injustice, la haine,
le mensonge, l'arrogance :
le monde s'en est gavé
et il en veut encore.

Si une de mes filles souffrait
et que ses sœurs
ne fassent rien pour elle,
même dans ma tombe
ma colère serait terrible.

La jeune mère à genoux
tend la main
vers les passants
au cœur de pierre.
Ces parleurs qui savent tout
ne savent pas
que c'est leur fille.
Être sous le ciel
et ne pas voir le ciel.

J'ai vu de quoi était capable
le monde,
mais j'ai vu aussi
les premiers pas de mes filles.
Quand je serai mort
et que mes filles auront
une pensée triste pour moi,
moi aussi je serai triste.

La mort patiente
attentive et sûre, attend.
Elle nous compte comme
le berger ses moutons.
Je ne fais rien pour l’agacer,
je ne la crains pas non plus,
j’attends.

Les parleurs accusent Dieu,
pourtant, pas une feuille
ne manque à l'arbre,
rien n'égale un coucher de soleil
et on a tous un cœur.
Je n'ai qu'une demande
à faire au ciel :
que mes mains
n'enterrent jamais
un seul de mes enfants.

Marcher sur l’asphalte,
voir des arbres alignés.
Dans les villes, qui peut dire
« j’ai tenu » ? Et le ciel
habituellement si beau
infesté d’étoiles.
La plupart des gens
sont sans vie,
mais pas moi.
Dieu me reconnaîtra.

Le monde fait peur,
les mots sont usés,
l'indifférence partout.
Combien de violons méritent l'arbre ?
Combien de poètes méritent
les pages impeccables des livres ?
Heureusement qu'il y a encore
des gestes qui rapprochent,
et le cri strident
de l'oiseau de paradis
suspendu dans le ciel.

Le ciel m'a chargé
plus lourdement qu'un autre.
Le pays qui m'a vu naître
un peu plus chaque jour
s'éloigne de moi.
Contre l'immensité
inquiétante du ciel, mon âme,
comme la fleur minuscule
qui se cache dans la forêt.

Quand mon cœur était seul
dans sa flaque de sang,
quand mes colères étaient inattendues
comme un orage d'été,
qui aurait pensé qu'un jour mon cœur
battrait plus fort que tous les cœurs ?
Car même mort, chaque fois que mes filles
viendront sur ma tombe, mon cœur renaîtra.

Ils portent le fer dans le ciel,
ils construisent des murs partout,
pour chaque mouvement du bras, une loi.
S'ils pouvaient faire des parcelles
avec le ciel, ils le feraient.
Assis dans l'herbe
entre les fleurs et les reflets du ciel,
je les regarde courir dans tous les sens.
Ils n'avancent pas.
Pire : ils reculent.

Adolescent, je me suis écrasé
comme un insecte sur la vitre :
je n'avais pas encore mesuré
la folie du monde.
Insouciant, j'ai escaladé le mur
pour courir dans les champs.
J'ai vu jaillir le sang
de mes mains encore tendres
sur le mur empli de tessons de bouteilles.

Moi qui ai tant joué avec mes filles,
quand je rendrai le dernier souffle
et qu'elles seront autour de moi,
pour la première fois
je serai de marbre devant elles,
insensible à leur peine
comme si elles n'étaient rien pour moi.

Je n'en sais pas plus sur le monde
qu'un poisson rouge dans un bocal.
Les gens admirent une belle phrase,
un beau geste, un beau vêtement,
et ils ne veulent rien savoir sur Dieu.
Que faut-il penser du monde ?

Tu as peut-être pleuré comme un enfant
mais ils n'ont pas cédé,
ils t'ont envoyé à la mort en riant.
Toi, tu voulais d'abord briser
la terrible fascination des hommes
pour le mal. Moi, plus modestement,
j'aimerais pouvoir décrire
chaque aspérité du cœur et du ciel.
Mais qui sait, de tout ça,
peut-être qu'il ne restera rien.

Tous ces gens que tu as croisés,
je les connais car ils sont encore là.
Entre quelques pas de danse
et quelques coupes de vin,
ils t'ont écrasé comme de la vermine.
Toi tu pardonnes, moi pas.
J'ai souvent le souffle court
car j'ai beaucoup à dire.
Mais je ne dis plus rien.
Ce que j'ai de plus secret en moi,
c'est à toi que je le dirai.

Puisque tu m'y obliges, je partirai.
Ils me disent en souriant :
« Tu ne reverras plus tes filles ».
Moi, je ne crois rien de ce qu'ils disent
et j'attends tout de toi.
Quand je serai devant toi,
mes yeux seront dans tes yeux,
mes mains dans tes mains,
mon cœur dans ton cœur.
Et eux, je ne veux
même pas les voir.

Quand ils tombent d'un côté
et qu'on arrive à les relever,
ils tombent de l'autre côté !
Ils me reprochent de trop parler du ciel.
De quoi faut-il parler ?
Les gestes qui apaisent,
et les plus belles pensées
ne peuvent rien pour eux :
ils ne t'écoutent même pas.

Si un sang bleu
coulait dans mes veines,
il n’y aurait rien à dire.
Mes amis disent :
« Tu es le mépris absolu ».
Ma noblesse est pourtant réelle.
Certains se roulent dans le sang,
d’autres font des affaires,
il y a aussi le sport et la politique.
Jusqu’à quand vont-ils t’insulter ?

Ta venue était exceptionnelle,
ta douceur et ta gentillesse
magnifiques, comme l'alignement
parfait des planètes.
Tes paroles et tes gestes
n'ont pas suffi. Et maintenant,
qui pourra les arrêter ?

Je suis prêt à tout pour te trouver.
S'il fallait danser ces danses avilissantes
et stupides qu'on voit partout,
même ça je le ferais.
La pacotille partout,
Dieu nulle part.

Dans mon enfance il y a déjà
tout ce qui va m'arriver,
car le ciel a déversé
l'or de tes mains sur ma vie.
Eux, ils passent du désespoir à l'espoir,
et de l'espoir au désespoir.
Ils n'en finissent pas de geindre.

Les yeux et les oreilles
bien aiguisés,
j'avance vers toi d'un pas ferme.
Rien ne me fera plier.
Je serai de marbre pour le monde,
de feu pour toi.

Ce matin, accidentellement
je me suis blessé.
J'ai regardé ma main ensanglantée
et j'ai souri. Ce n'était pas grand-chose
mais ça me rapprochait de toi,
sauf que moi, si j'avais été près de toi,
je ne les aurais pas laissés faire.

Perdue à jamais,
ma jeunesse comme un éclair
magnifique et lointain,
et ce cœur révolté,
comme un jeune guerrier
assoiffé de sang
qui refuse la défaite,
et qui sent autour de lui la vie
partir en lambeaux.

Dans la campagne, entouré
de fleurs sauvages aux longs cils,
l'arbre essaie de retenir le vent
comme on essaie de retenir la vie.
Quand viendra le dernier moment,
quand il me faudra quitter mes filles
et tout ce que j'aime, ce sera comme m'arracher
les mains, les pieds, les yeux, les oreilles,
et pourtant, il faudra le vivre.

Mes filles, mes beautés,
quand vous m'emporterez,
les pieds en avant,
le cœur froid,
quand vous m'abandonnerez
dans cette horreur
qu'on appelle une tombe,
faites le serment
de ne jamais vous séparer.
Ce serait pour moi
une deuxième mort.

Tu n'as plus tes beaux yeux, tes belles mains :
ce qui reste de toi est sous la terre,
sans ton cœur.
Les étoiles entassées dans le ciel,
la douceur de la pierre,
la générosité du vent
te sont interdits,
comme je me suis interdit
de penser à toi.

Sans violence, sans palabres,
l'arbre prophétique
oblige tout le monde
à regarder le ciel.
La grande élégance,
qui la possède vraiment,
à part quelques-uns
et le ciel ?

Trop jeune, trop tendre,
j'ai entendu la voix éraillée du malheur,
et malgré moi j'ai vu
le venin noir des hommes
et le pansement ensanglanté des femmes.
Un monde s'en va, un autre arrive :
ça change quoi ?

Je n'ai pas encore compris
comment fonctionne le monde,
mais je sais très bien
ce que le ciel exige de moi.
Le temps du gâchis est fini.
Maintenant, je pose la main
sur tout ce qui est beau.

J'accumule les années
et je ne comprends toujours pas
l'acharnement fou des hommes.
Depuis aussi longtemps que je me souvienne,
je suis dans la vie comme la jeune fille
abandonnée, perdue dans la foule.

La main qui se laisse prendre
est la plus belle,
et tous ceux qui ne voient pas
d'abord le ciel s'enterrent.
Moi, j'ai toujours été vers les autres,
mais eux, il faut croire
qu'ils avaient mieux à faire.

Dans les villes,
tous les dix pas, un suiveur.
Autour des villes, les machines
ont étendu leur ombre
sur le monde.
Pourtant, dans le ciel,
le parcours des nuages est parfait.

Comme la fleur
qui ne demande rien,
et qu'on coupe, une nuit
j'ai mis un voile noir
sur mon âme innocente,
j'ai refusé le chemin étroit de la vie :
plus rien en moi ne s'opposait à la mort.

Ils me voient tous
comme un bloc de granit
posé sur le sol, mais moi
je compte les jours,
et je me demande simplement
combien de temps je vais pouvoir tenir.
Si seulement ils savaient !

Je n'ai pas toujours
fait ce qu'il fallait,
mais je n'ai jamais laissé
les larmes monter à mes yeux.
Quand on m'a dit « elle est morte »,
je n'ai pas versé une seule larme :
j'ai marché toute la nuit.

Puisque tout
m'éloigne du ciel,
je refuse tout.
Je ne partirai pas
sans avoir vraiment
éprouvé mon cœur.
Le dernier coup sera terrible.

Pauvre être humain,
ta vie, comme la brindille
emportée par l'oiseau,
comme la poignée de sable
qu'on jette.
Si ton cœur n'est pas royal,
tu vas où ?

Depuis longtemps déjà
je vois des choses terribles.
Des fois, pour comprendre,
je prends ma tête à deux mains.
Malgré tout, chaque matin,
je redécouvre le ciel.

Quand je suis seul dans la campagne
et que mon pas est lourd,
j'aimerais qu'un oiseau
se pose sur mon épaule.
Mais rien ne vient :
je reste seul avec ma peine.

Comme un ciel lourd et embué
le monde avance et fait ce qu'il peut.
Moi, j'admire l'oiseau magnifique
qui s'élève dans le ciel
et le geste impeccable
qui va droit au cœur.

Assis dans l'herbe,
mon luth collé à ma poitrine,
j'ai été bien plus loin que les armées
d'Alexandre et de César.
Il ne faut pas grand-chose
pour être heureux.

Comme un vaisseau
qui sombre dans la mer,
je m'abîme dans la vie.
Aucune branche
pour s'agripper
que le ciel.

J'irai à Dieu sans tache
mais pas sans regret.
Le temps qu'on met
à comprendre,
et pourtant
tout est si simple.

Avec le temps qui passe
j'ai élagué ma vie
comme les branches d'un arbre.
Maintenant, il n'y a plus
que mes filles et Dieu.

Il est loin le temps
où je ne prenais pas le risque
de voir couler une larme sur ma joue.
Si seulement Dieu
pouvait arracher mon cœur !

Quand je serai mort depuis longtemps
et que mes filles seront vieilles,
j'aimerais qu'elles disent
en parlant de moi :
« Il nous manque ».

Dans ma jeunesse,
ce n'était pas possible
de me tirer une larme.
Maintenant, je suis touché
par la vue d'un oiseau.

Une nuit sans étoiles,
un monde sans Dieu.
La brutalité du monde, je connais ;
je m'éloigne du monde,
et je n'y peux rien.

Mes filles poseront peut-être
la main sur ma pierre tombale.
La fleur attentive regarde,
les nuages et les oiseaux passent.

Je n'ai pas la faiblesse
de croire que je sais tout,
mais la grande tristesse
je connais.

Ma vie magnifique, comme l'oiseau
qui vole contre le vent,
les yeux fixés sur le ciel.

La neige, le vent, les étoiles :
pour certains, ce n'est pas assez.

Je voulais garder Dieu pour moi
et j'en parle à toutes les pages.

DU MÊME AUTEUR

Aux Éditions Gallimard

PAROLES PERDUES, 2004. *Préface de Jean Grosjean.*

Aux Éditions Le Temps qu'il fait

UN PEUPLE DE PROMENEURS, 2000.

Composition Interligne
Achevé d'imprimer
par l'Imprimerie Floch
à Mayenne, le 30 janvier 2010.
Dépôt légal : janvier 2010.
1er dépôt légal : mai 2004.
Numéro d'imprimeur : 75785.
ISBN 978-2-07-077152-3 / Imprimé en France.

174669